TRAVAIL du *Comité - Militaire*, composé, sur la demande de M. de la *FAYETTE*, d'un Député par District, & chargé, par les Districts, du projet d'Organisation.

RÉGLEMENT

POUR LA FORMATION, ORGANISATION, SOLDE, POLICE ET ADMINISTRATION DE L'INFANTERIE NATIONALE PARISIENNE.

TITRE PREMIER.

De la Formation & Organisation.

ARTICLE PREMIER.

TOUTES Troupes ci-devant employées à la Garde & Police, ou autre Service dans la Ville de Paris, sont & demeureront supprimées.

A

II. Il fera formé un Corps de Troupes d'Infan-terie, dont la force effective, compris les Offi-ciers, fera de 31,058 hommes, fous la dénomina-tion de *Gardes Nationales Parifiennes*.

III. Tout Citoyen domicilié, marié ou non marié, depuis l'âge de vingt ans révolus, jufqu'à l'âge de cinquante, fera porté fur la Lifte géné-rale des Soldats Citoyens, & tenu de marcher, quand il en fera requis.

IV. Tous Ouvriers, Artifans, non domiciliés, devant être confervés pour leurs travaux, feront en conféquence exempts de ce Service. Seront exclus tous gens en état de domefticité.

V. Il fera pris dans la claffe des Citoyens dé-fignés par l'Article III ci-deffus, & fuivant la forme qui fera indiquée, le nombre d'hommes néceffaire pour former un Bataillon de cinq Com-pagnies de cent hommes chacune, par chacun des foixante Diftricts. Une de ces Compagnies fera foldée & toujours en activité, & les quatre autres feront compofées, ainfi qu'il eft porté dans l'Ar-ticle III.

VI. La Lifte des Citoyens, faite par les Dif-tricts, fera toujours tenue au complet, par de nouveaux appels, à mefure des vacances par mort, abfence ou progrès de l'âge.

VII. Il fera formé une divifion de dix en dix bataillons; de manière que les foixante Diftricts forment fix divifions, conformément au Tableau annexé au préfent Réglement, lefquelles porte-ront les noms de *première, deuxième, troifième, quatrième, cinquième & fixième,* après que le rang aura été déterminé par le fort, ainfi qu'il fera dit au titre V.

VIII. Les Bataillons feront défignés par les Numéros 1er, 2e, 3e, 4e, 5e, 6e, 7e, 8e, 9e, & 10e, & par celui de la Divifion de laquelle ils feront partie.

IX. Chaque Bataillon fera compofé de cinq Compagnies ; dont une foldée, & quatre non foldées.

La Compagnie foldée occupera le centre du Bataillon. Le rang des quatre autres Compagnies dans le Bataillon, celui des Bataillons dans les Divifions, & celui des Divifions dans la Ligne, feront déterminés par le fort, & demeureront invariables.

X. La répartition des Diftricts ne pouvant être, quant à préfent, tellement égale, ni par leur étendue, ni par leur population refpective, qu'ils puiffent compléter leur Bataillon ; la cote-part de chacun fera réglée par la Municipalité, d'après le dénombrement général ; les Diftricts les plus proches de celui qui ne pourroit fournir la totalité de fon Bataillon, le complèteront en raifon de leur furabondance refpective.

XI. Tout Individu employé dans le Corps de la Garde Nationale Parifienne, foit foldé, foit non foldé, prêtera ferment entre les mains de la Municipalité.

XII. L'Etat-Major général des *Gardes Nationales Parifiennes*, fera compofé de la manière fuivante ; les Sujets qui y feront nommés, recevront le traitement qui fera fixé à la fuite du titre III de ce Réglement.

Etat Major-Général.

Un Commandant général.

A ij

Un Major général.
Un Premier Aide-Major général.
Deux Aides-Majors Généraux.
Six Aides-de-Camp.
Un Commiſſaire général, chargé des Revues.
Un Quartier-Maître-Tréſorier général.
Un Secrétaire Général.

Les fonctions des différens emplois ci-deſſus, feront expliqués dans le préſent réglement.

XIII. Chaque Diviſion d'Infanterie aura auſſi un Etat-Major formé ainſi qu'il ſuit, & dont les Sujets qui le compoſent, excepté le Chef de Di-viſion & le Commandant de Bataillon, recevront le traitement qui ſera fixé dans le préſent Ré-glement.

Etat-Major de chaque Diviſion d'Infanterie.

Un Chef de Diviſion.
Dix Commandans de Bataillon.
Un Major.
Dix Aides-Majors.
Un Chirurgien-Major.
Un Tambour-Major.

XIV. Il ſera formé une Compagnie de Grena-diers par Diviſion d'Infanterie, laquelle ſera at-tachée au premier Bataillon de la Diviſion.

XV. Chaque Compagnie de Grenadiers & de Fuſiliers ſoldée, ſera compoſée de

3. { 1. Capitaine.
    1. Lieutenant.
    1. Sous-Lieutenant.

$$
(1)\ 100. \left\{ \begin{array}{l} \text{1. Sergent-Major.} \\ \text{4. Sergens.} \\ \text{8. Caporaux.} \\ \text{8. Appointés.} \\ \text{77. Grenadiers ou Fusiliers.} \\ \text{2. Tambours.} \end{array} \right. \left. \begin{array}{l} \text{Divisés en} \\ \text{deux Pelo-} \\ \text{tons, 4 Sec-} \\ \text{tions & 8} \\ \text{Escouades.} \end{array} \right.
$$

XVI. Chaque Compagnie d'Infanterie non soldée, sera composée ainsi qu'il suit :

$$
3. \left\{ \begin{array}{l} \text{1. Capitaine.} \\ \text{1. Lieutenant.} \\ \text{1. Sous-Lieutenant.} \end{array} \right.
$$

$$
100. \left\{ \begin{array}{l} \text{1. Sergent-Major.} \\ \text{4. Sergens.} \\ \text{8. Caporaux.} \\ \text{86. Fusiliers.} \\ \text{1. Tambour, qui aura la solde.} \end{array} \right.
$$

---

(1) Il est impossible de se former une idée bien exacte du nombre d'hommes nécessaire à la garde de la Ville, dans le moment où elle se voit délivrée d'une Administration de Police, fondée sur l'espionage. Le nombre proposé a été réglé de concert avec M. le Commandant de la Garde de Paris. Dans le cas où l'expérience permettroit de diminuer la Garde soldée, on pourroit laisser tomber les Compagnies à quatre-vingt hommes, ou moins, pour que la dépense soit exactement proportionnée au besoin.

XVII. Le Corps d'Infanterie, ainſi formé & organiſé, préſentera le Tableau ſuivant :

	Officiers ſans appointemens.	Officiers avec appointemens.	Troupe ſans ſolde.	Troupe ſoldée.
Etat-Major général.	1.	13.		
Etat-Major des Diviſions.	66.	72.		6.
Les ſix Diviſions d'Infanterie.	720.	180.	24,000.	6,000.
	727.	265.	24,000.	6,006.

Dont { Officiers. 1,052
Hommes. 30,006

TOTAL GÉNÉRAL. 31,058

XVIII. Il ſeta formé une Diviſion de Cavalerie & un Parc d'Artillerie.

La compoſition, l'organiſation, le traitement & ſolde de ces deux Armées, ſeront fixés dans un Réglement particulier.

7

TITRE II.

*Des nominations aux emplois, des Appointemens,
Solde & Maſſe.*

ARTICLE PREMIER.

Le Commandant général ſera élu dans les
mêmes formes que le Maire de la Ville.

II. La nomination des Officiers de l'Etat-Major
général, ſera faite par la Municipalité, ſur la pré-
ſentation du Général, ainſi que celle des Majors
de Diviſion.

III. Les ſix Chefs des Diviſions d'Infanterie ſeront librement élus par les dix Diſtricts réunis,
formant chaque Diviſion; chaque Diſtrict ayant
trois Repréſentans. Les Commandans de Bataillons ſeront nommés par leurs Diſtricts.

IV. Les places d'Officiers dans les Compagnies
ſoldées, ſeront données, à l'époque de la formation actuelle, ſçavoir celles de Capitaine, &
Aide-Major, aux Sujets qui réuniront le plus de
voix dans le Diſtrict du Bataillon dont elles feront
partie; celles de Lieutenans & Sous-Lieutenans
aux plus anciens Bas-Officiers qui ont ſervi la
Cauſe publique.

V. A l'avenir, les Officiers de ces Compagnies
rouleront enſemble pour leur avancement,
par Diviſion; les Sergens & Caporaux, par
Compagnie.

VI. Les remplacemens ſeront faits alternativement; 1º par droit d'ancienneté du Grade inférieur
au Grade ſupérieur.

2º. Par nomination.

Cette Nomination ſera faite par tous les Officiers réunis avec un nombre égal de Membres du Diſtrict de la Compagnie où le remplacement devra ſe faire : les Membres qui devront voter pour cette Nomination ſeront nommés par l'Aſſemblée générale du Diſtrict ; en ſorte que les Emplois de chaque Grade, ſeront remplis alternativement par un Officier montant de droit, & par un Officier nommé.

VII. Les Places de Sergent Major, Sergens & Caporaux, vacantes par cette première Promotion, ſeront données à l'ancienneté, parmi ceux qui ont ſervi la cauſe publique. (On admettra de préférence ceux qui ſçauront lire & écrire).

Les places d'Apointés ſeront données aux plus anciens Soldats de la Compagnie.

VIII. Tous les Officiers des Compagnies non-ſoldées, ſeront à la nomination du Diſtrict de chaque Bataillon.

Les remplacemens des Officiers morts ou retirés, ſe feront comme pour les Compagnies ſoldées entre les Officiers des quatre Compagnies du même Bataillon, qui rouleront enſemble pour leur avancement.

IX. Tous les Brevets & Lettres des Officiers, ſeront ſignés par le Maire de la Ville & par le Commandant général ; en conſéquence les Brevets & Lettres qui doivent être délivrés aux Officiers pourvus d'emplois, à l'époque de la formation du Corps, & à ceux qui y ſeront nommés par la ſuite, ſeront remplis par le Secrétaire général, qui ſera chargé de les faire ſigner au Commandant général, & de les adreſſer enſuite à l'Hôtel de la Municipalité ; pour être ſcellés du cachet aux armes de la Ville. Lorfqu'ils feront revêtus des fignatures & cachet, le Greffier les adreffera audit Secrétaire général, qui les délivrera gratis aux Officiers.

X. Les apointemens, folde & maffe, de la Troupe foldée, feront fixés d'après l'état général qui en fera arrêté.

XI. Les fommes néceffaires pour payer les apointemens, folde & maffe, feront comptés au Quartier-Maitre-Tréforier-général du Corps, à raifon d'un douzième par mois, par le Tréforier-général de la Ville, au moyen d'une autorifation fignée du Commandant général & du Major général.

TITRE III.

Habillement, Equipement, Armement & Réparations.

ARTICLE PREMIER.

L'habillement de la Troupe d'Infanterie foldée & non foldée, fera comme il fuit :

Un habit de drap bleu de Roi, ayant des revers & paremens de drap blanc, le colet montant fera de drap écarlatte, la doublure blanche, avec un paffe-poil écarlatte, les boutons & diftinctions feront jaunes.

Les boutons feront timbrés aux armes de la Ville, & porteront, en outre, le n°. de la Divifion & du Bataillon.

Les boutons & diftinctions de l'Etat-Major général feront jaunes. Les boutons feront aux armes de la Ville, fans n°.

Une Veste & une Culotte de drap blanc.

Un chapeau bordé d'un galon noir, & garni d'une Cocarde de bazin blanc, liserée bleu & rouge avec un bouton uniforme.

Un Bonnet de police de drap bleu.

Deux paires de Guêtre noires pour le service d'hiver, & deux paires de toile blanche pour le service d'été, avec des petits boutons de cuivre uni.

Les Officiers de l'Etat-Major général & de division feront en Bottes, lorsqu'ils seront sous les armes ou de service.

Les capottes des Sentinelles, seront en drap gris de fer.

Un col de basin blanc.

Les boucles seront de cuivre de forme carrée, les angles extérieurs en seront arrondis.

Les cheveux en queue, ceux des faces seront frisés avec une simple boucle.

Le hausse-col sera doré, ayant une plaque en argent aux armes de la Ville.

Les Epées seront dorées.

Les Officiers porteront les épaulettes & dragonnes de leur grade, de la couleur du bouton.

SÇAVOIR.

Le Commandant général, les Chefs de Division, & le Major général auront deux épaulettes en or. Les franges en seront à nœuds de cordelière & cordes à puits.

Les Aides-Majors généraux auront les mêmes épaulettes que le Major général, lesquelles seront barrées au milieu de leur longueur par un cordonnet rouge de la largeur de deux lignes.

Les Commandants de Bataillons auront la même épaulette que celle du chef de divifion, laquelle fera barrée dans fa longueur par un cordonnet bleu, de deux lignes.

Les Majors de divifion auront deux épaulettes en or, à franges.

Les Aides-Majors auront une épaulette en or, & la porteront à droite.

Les-Aides-de-Camp auront une épaulette de Major.

Le Commiffaire-général, le Quartier-Maître-Tréforier-général, & le Secrétaire-général auront rang de Capitaine, & en porteront les diftinctions.

Les Capitaines auront une épaulette femblable à celle du Major.

Les Lieutenans auront une épaulette de Capitaine, avec une barre de foie rouge dans le milieu.

Les Sous-Lieutenans auront l'épaulette femblable à celle des Lieutenans, avec deux barres de foie rouge au milieu.

Les dragonnes des Grades ci-deffus, feront, fuivant les diftinctions des épaulettes, excepté que celles d'Aides-Majors, de Commiffaire-général, de Quartier-Maître-général & Secrétaire-général ne feront point barrées.

Les épaulettes feront doublées avec du drap écarlate, tous les Officiers qui n'auront qu'une épaulette, porteront la contr'épaulette, conforme au corps de l'épaulette,

Les Officiers de l'État-Major général porteront le même uniforme que les Gardes, & feront diftingués par des plumes des couleurs fuivantes.

Le Commandant-Général portera la plume blanche furmontée des couleurs rouge & bleue.

Les fix Chefs de divifions, le Major-Général, & les Aides-Majors-Généraux, porteront la plume blanche.

Les Aides-de Camp porteront la plume rouge.

Il fera arrêté des modèles de tous les objets compris dans cet article, fur chacun defquels on appofera le cachet du Corps, & ils feront dépofés enfuite dans les magafins.

II. La Troupe non foldée fera dans l'uniforme prefcrit ci - deffus, lorfqu'elle fera fous les armes.

III. Il fera donné à chaque Bataillon un Drapeau de couleur & légende au choix du Diftrict. Ce Drapeau fera placé à la Compagnie du centre, qui fera celle foldée, & gardé par des Bas-Officiers des première, deuxiéme, quatrième & cinquième Compagnies non foldées. Lorfque les Troupes ne feront point fous les armes, les Drapeaux des dix Bataillons, formant la Divifion, feront dépofés chez le Chef de divifion.

Chacune des quatre autres Compagnies, aura une Flâme, laquelle fera portée par un Sergent, lorfque la Troupe fera fous les armes ; &, hors de là, elle fera dépofée chez le Capitaine de chaque Compagnie.

IV. Les habits & veftes de la Troupe foldée, feront remplacés tous les deux ans.

Les chapeaux tous les deux ans.

Les culottes tous les ans.

Les deux paires de guêtres tous les deux ans, ou une paire par an.

Le col & la cocarde tous les ans ; on en délivrera deux la première année.

Les deux paires de souliers & les deux chemises tous les ans.

Les habits & vestes, qui seront remplacés, seront retirés & mis en magasin, pour servir à faire les réparations journalières. Les autres effets seront abandonnés à la Troupe, & on ne les retirera point en les remplaçant ; mais elle sera obligée de les réparer ; ou même de les remplacer à ses dépens, s'ils sont usés ou perdus dans l'intervalle d'une livraison à l'autre.

V. L'équipement sera de bufle blanchi, & composé pour tous les grades & pour toutes les Troupes soldées, ou non soldées, d'une giberne avec sa banderole, & d'un ceinturon. Le remplacement s'en fera par quinzième, tous les ans, à la Troupe d'Infanterie soldée, & les réparations générales s'en feront annuellement.

VI. Toutes les fois que la Troupe prendra les armes pour l'exercice, les Officiers seront armés d'épées, les Sergens de fusils & bayonnettes dits Officiers & de sabres ; les Caporaux seront aussi armés de sabres, ainsi que les Tambours ; & le reste de la Troupe de fusils & bayonnettes seulement ; le tout conforme aux modèles qui seront arrêtés.

Le remplacement de l'Armement ci-dessus pour les Compagnies soldées, sera fait par le magasin d'Artillerie, quand il sera jugé hors de service, les réparations des Armes se feront journellement, de la manière qui sera indiquée.

VII. Il sera établi des Magasins & des Atteliers de toutes les parties d'Habillement, Equipement & Armement, sous la vigilance des Officiers que le Comité d'Administration du Corps aura choisi à cet effet, & sous la surveillance & inspection du Quartier-Maître-Général.

VIII. Tous les Officiers & Gardes, non soldés, se fourniront, à leurs frais, des effets mentionnés dans l'Article ci-dessus, conformément aux modèles arrêtés; les Sergens, Caporaux, Fusiliers & Tambours de la Troupe soldée, seront entretenus desdits effets, sur le compte de la masse générale.

IX. Les Tambours des Compagnies non soldées seront entretenus aux dépens de la masse.

Et ont signé les membres présens : *de Keralio, Gerderet, de S.-Martin, le Marquis d'Elbée, le Comte de Vinezac, de la Grey, d'Acosta, Ferroussat, Guerin de Sercilly, Desperrieres, Viot, Masson de Neuville, Gallet-de-Santerre, Parseval de Grand-Maison, de Ramainvilliers, Jacquinot, de Mestre-du-Rival, Lebelle, Gondeville, Chevalier Guillotte, Guérin, Cherpitel, de Boispreaux, de Beriyner, Cheron-de-la-Bruyere, Barré-de-Boisméan, Flament, Roualle-Chevalier-de-Boisgelou, Guiard, le Chevalier-de-Saint-Tray, Adjoint.*

Le Marquis de Chabert, Vice-Président.

Hion, Secrétaire.

Lu à l'Assemblée des Représentans de la Commune par *M. de la Fayette,* & imprimé par ordre de l'Assemblée, ainsi qu'il suit :

Bon à Imprimer, ce 31 Juillet 1789.

Signés, *Moreau de St. Méry, Delavigne,* Présidents.

Partage de Paris en six Divisions, chacune de dix Districts, avec l'indication des Casernes & Chefs-lieux de chacune, en exécution de l'Article VII du Titre premier du Réglément.

DIVISIONS.		DISTRICTS.	CASERNES.	CHEFS-LIEUX.
Iʳᵉ DIVISION.	1	Notre-Dame. . . . rue		Rue de Sève devant les Petites-Maisons.
	2	St-Severin. . . . rue		
	3	Les Barnabites. . . rue		
	4	Abbaye S-Germain. rue		
	5	Petits-Augustins. . rue		
	6	Jacobins, rue St-Dominique. . . . rue		
	7	Les Théatins. . . rue		
	8	Les Cordeliers. . rue		
	9	Les Carmes déchaussés rue		
	10	Les Prémontrés. . rue		
IIᵉ DIVISION.	11	St-André-des-Arcs. rue		Place Sainte-Géneviève.
	12	Les Mathurins. . rue		
	13	Sorbonne. . . . rue		
	14	St-Jacques-du-Haut Pas. . . . rue		
	15	St Louis en l'Isle. . rue		
	16	St-Nicolas du Chardonnet. . . . rue		
	17	St-Victor. . . . rue		
	18	St-Etienne-du-Mont. rue		
	19	Le Val-de-Grâce. . rue		
	20	St-Marcel. . . . rue		
IIIᵉ DIVISION.	21	St-Jean-en-Grève. rue		Place-Royale.
	22	St-Gervais. . . rue		
	23	S-Louis de la Culture. rue		
	24	Enfans-Trouvés, F. B. S.-Antoine. . rue		
	25	Petit S.-Antoine. . rue		
	26	Minimes, Place-Royale. . . . rue		
	27	Trainel, F. B. S.-Ant. rue		
	28	Ste-Marguerite. . rue		
	29	Capucins du Marais. rue		
	30	Les Blancs-Manteaux. rue		

DIVI-SIONS.	DISTRICTS.	CASERNES.	CHEFS-LIEUX.
IVe. DIVISION.	31 Les Enfans-Rouges. rue 32 Les Pères-Nazareth. rue 33 St. - Médéric. . . rue 34 Le Sépulcre. . . rue 35 St. - Martin - des - Champs. . . . rue 36 Les Récolets. . . rue 37 St. - Nicolas - des - Champs. . . . rue 38 Ste-Elisabeth. . . rue 39 Filles - Dieu. . . rue 40 St. - Laurent. . . rue	Cour de l'Abbaye S.-Martin, ou Boulevard S.-Martin.
Ve. DIVISION.	41 Ste.-Opportune. . rue 42 S.-Jacques-l'Hôpital. rue 43 Bonne-Nouvelle. . rue 44 S.-Lazare. . . . rue 45 S.-Jacques - de - la- Boucherie. . . . rue 46 S. - Leu. . . . rue 47 S. - Magloire. . . rue 48 S.-Joseph. . . . rue 49 Petits-Pères , place des Victoires. . . rue 50 S. - Eustache. . . rue	Halle à la Marée. rue de Bourbon, ou Boulevard Poissonière
VIe. DIVISION.	51 Les Capucins , Chaussée-d'Antin. . . rue 52 Les Filles S.-Thomas. 53 S.-Honoré. . . . rue 54 S.-Roch. . . . rue 55 Les Jacobins S.-Honoré. . . . rue 56 S.-Philippe du Roule. rue 57 S.-Germain-l'Auxerrois. . . . . rue 58 L'Oratoire. . . rue 59 Les Feuilans. . . rue 60 Les Capucins S.-Honoré. . . . rue	Place Vendôme.

TABLEAU

TABLEAU de la Dépenſe de la *Garde Nationale Pariſienne*, par an.

	Appoint. de chaque Grade.	Totaux.
Etat-Major-Général.		
1 Commandant-Général.		
1 Major-Général.	15,000	15 000
1 Premier Aide-Major-Général.	9,000	9,000
2 Aides-Majors-Généraux.	8.000	16,000
6 Aides-de-Camp.	2,400	14,400
1 Commiſſaire-Général chargé des Revues.	6,000	6,000
1 Quartier-Maître-Général-Tréſorier.	12,000	12,000
1 Secrétaire Général.	5,000	5,000
Fait de tous les Bureaux du Corps, & Ports de Lettres.	30,000	30,000
Total de l'Etat-Major-Général.		107,400
Etat-Major des 6 Diviſions ; Détail d'une Diviſion.		
1 Chef de Diviſion.	Sans Appointemens.	
10 Commandans de Bataillon.	Sans Appointemens.	
1 Major.		8,000
10 Aides-Majors à 2,000 liv.		20,000
1 Chirurgien-Major.		000
1 Tambour-Major à 32 ſ.		576
Total d'une Diviſion.		29,176
Total des autres Diviſions.		145,830
Total des ſix Diviſions enſemble.		175,056
Six Compagnies de Grenadiers ſoldés ; Détail d'une Compagnie.		
1 Capitaine.	3,000	3,000
1 Lieutenant.	2,000	2,000
1 Sous-Lieutenant.	1,600	1,600
1 Sergent-Major à 32 ſ.	576	576
4 Sergent à 28 ſ.	504	2,016
8 Caporaux à 22 ſ.	396	3,168
8 Appointés à 18 ſ.	324	2,592
77 Grenadiers à 17 ſ.	306	23,562
2 Tambours à 20 ſ.	360	720
Total d'une Compagnie de Grenadiers.		39,234
Total des 5 autres Compagnies de Grenadiers.		196,170
Total des 6 Compagnies de Grenadiers enſemble.		235,404

B

54 COMPAGNIES DE FUSILIERS SOLDÉS.

Détail d'une Compagnie.

1	Capitaine.	2,800	2,800
1	Lieutenant.	1,800	1,800
1	Sous-Lieutenant.	1,400	1,400
1	Sergent-Major à 30 f.	540	540
4	Sergens à 25 f.	450	1,800
8	Caporaux à 20 f.	360	2,880
8	Appointés à 16 f.	288	2,304
77	Fuſiliers à 15 f. (net & non compris les maſſes)	270	20,790
2	Tambours à 18 f.	324	648

Total d'une Compagnie de Fuſiliers. . . 34,962
Total des 53 autres Compagnies de Fuſiliers. . . 1,852,986

Total des 54 Compag. de Fuſiliers enſemble. . . 1,887,948

240 Tambours attachés aux 240 Compagnies non-ſoldées, par jour à 18 f. . . . . . } 77,760

Maſſe générale.

A 110 liv. par homme d'Infanterie par an, au complet pour faire face à la dépenſe des Recrutement, Réengagement, habillement, équippement & réparations

générales de deux chemiſes.
deux paires de ſouliers. . . } par homme } 682,770
un col, une cocarde. . . } par an. }
une paire de guêtres. . .

Maſſe des 240 Tambours attachés aux 240 Compagnies, à 110 liv. par homme, comme ci-deſſus. } 26,400

Récapitulation générale.

Total de l'Etat-Major-Général. 107,400
Total de l'Etat-Major des 6 Diviſions. . . . 175,056
Total des 6 Compagnies de Grenadiers. . . . 253,404
Total des 54 Compagnies de Fuſiliers. . . . 1,887,948
Total des 240 Tambours pour les Compagnies non-ſoldées. 77,760
Maſſe générale. 682,770
Maſſe des 240 Tambours pour les Compagnies non-ſoldées. 26,400

Total de la Récapitulation. 3,192,738

Nota. Le traitement du Commandant-Général n'eſt point compris dans la dépenſe ci-deſſus.

APPERÇU

DES Recouvremens à faire, pour aider à satisfaire à la Dépense annuelle de la GARDE NATIONALE PARISIENNE.

Guet de Paris.	990,000 l.
Gouvernement de Paris.	60,000
Gouvernement de la Baſtille.	104,000
Régiment des Gardes-Françoiſes.	1,266,922
Milice de Paris.	102.000
Moitié de la Police, évaluée à	800,000
Secret des Lettres, évalué à	400,000
Total.	3,722,922 l.
Dépenſe annuelle de la Garde Nationale.	3,192,738 l.
Reſte.	530,184 l.
A ce produit, il faut ajouter la moitié de la ſomme de 1,144.000 liv., donnée à la Police, pour la deſtruction du Vagabondage & de la Mendicité.	572.000
Reſte net, pour la Cavalerie & l'Artillerie.	1,102,184 l.

Signé, *De Boiſpréaux, Gallet de Santerre, Demeſtre du Rival, de Beriytter, Flament, Cherpitel, Chevalier Guillotte, de Peſcheloche, Parſeval de Grandmaiſon, Debourge, le Marquis d'Elbée, le Chevalier de Saint-Tray*, Adjoint ; *Gondeville, Chéron de la Bruyère, Guérin, Gerderet, Barré de Boiſméan, Muguet de Champalier, le Comte de Vinezac, d'Acoſta, Guérin de Sercilly, Deſperrières, Lebelle, Roualle-Chevalier de Boiſgelou, Guyard, Dubergier, Lafoſſe, de Kéralio, Jacquinot, Jacquin, de St-Martin, de Lagrey, de Ramainvillier, Maſſon de Neuville, Viot, Ferrouſſat.*

Le Marquis de Chabert, Vice-Préſident ; *Hion*, Sécrétaire.

TITRE IV.

Du Logement, du Service intérieur, de la Police intérieure.

ARTICLE PREMIER.

Du Logement.

La Troupe foldée fera cafernée dans des maifons, que chaque diftrict fera fournir, afin de l'avoir plus promptement au befoin, & lui faciliter le moyen de vivre en chambrée & en communauté. Il fera néceffaire de répartir, d'une manière égale, dans l'étendue de la Divifion, les dix Compagnies qui doivent y être cafernées.

Les Officiers fe logeront à leurs frais, & le plus à portée que faire fe pourra de leur troupe, & même dans les cafernes, fi cela eft poffible.

Du Service intérieur, & de la Police.

II. La Subordination étant l'âme de tout Corps Militaire ou Civil, il eft important de régler dans celui des Gardes-Nationales Parifiennes, qui en porte les deux titres, une gradation de rang qui faffe connoître à tous les Individus du Corps, le degré de fubordination & d'obéiffance qu'ils doivent avoir pour tous ceux qui leur font Supérieurs; en conféquence, il a été réglé & arrêté ce qui fuit :

Tout Appointé, Grenadier, Fuſilier & Tambour des Compagnies ſoldées ou non ſoldées, obéira, non-ſeulement à tous les Officiers, mais même à tous les Caporaux indiſtinctement, & dans toutes les occaſions relatives au Service, pourvu qu'ils portent les marques diſtinctives de leurs Grades.

Les Caporaux obéiront à tous les Sergens-Majors, au Tambour-Major, qui aura le même rang, & à tous les Sergens.

Les Sergens feront ſubordonnés aux Sergens-Majors.

Les Sergens-Majors, ainſi que les autres Bas-Officiers & Caporaux, feront ſubordonnés à tous les Officiers du Corps.

Lorſque la Troupe fera ſous les armes, & dans toutes les occaſions relatives au Service, les Sous-Lieutenans feront ſubordonnés à tous les Lieutenans.

Les Lieutenans à tous les Capitaines.

Les Capitaines & Aides-Majors, aux Commandans de Bataillons.

Les Commandans de Bataillons aux Aides-Majors-Généraux.

Les Aides-Majors Généraux au Major Général.

Le Major Général & les Chefs de Diviſions au Commandant Général.

Lorſqu'il ſe trouvera enſemble pluſieurs Officiers, Sergens & Caporaux du même Grade, le plus ancien de ſervice aura le commandement ſur tous les autres; &, ſi les ſervices ſe trouvent de même date, le plus ancien d'âge commandera.

B iij

III. Le Commandant général prêtera ferment entre les mains de la Municipalité, qui lui donnera le pouvoir de recevoir, en son nom, tous ceux des Officiers du Corps; en foi de quoi il délivrera un certificat à chaque Officier fermenté, & qui ensuite pourra être reçu & reconnu à la tête de la Troupe, de la manière qui sera dit ci-après.

IV. Tous les Officiers, excepté le Commandant-Général, feront reçus par un Officier d'un grade supérieur au leur; & aucun n'aura le droit de porter les marques distinctives de son grade, quoi-qu'ayant reçu son brevet, que du jour de sa réception.

V. On fera porter le Drapeau du Bataillon à la Parade, lorsque le Récipiendaire fera du grade de Major ou d'un grade au-dessus.

VI. Les Officiers de l'Etat-Major-Général feront reçus & reconnus à la Parade de la première Division; &, comme il est nécessaire que les autres Divisions en soient instruites, il en sera fait mention, à l'ordre de chacune, à la Parade.

Les Officiers de l'Etat-Major des Divisions feront reçus & reconnus, à la Parade, dans leurs Divisions respectives.

Les Officiers des Compagnies feront reçus & reconnus à la tête de leurs Compagnies, dans leur Bataillon.

L'Officier, qui en recevra un autre, fera porter les armes à la Troupe, fera placer le Récipiendaire à deux pas en avant d'elle, en lui faisant face; il ordonnera au Tambour de battre le Ban de la Ville ; il prononcera enfuite, à haute & intelligible voix, la formule fuivante :

« De par Meffieurs le Maire de la Ville de Paris,
» & le Commandant-Général du Corps de la
» Garde-Nationale-Parifienne : Soldats-Citoyens,
» vous reconnoîtrez M. . . . . . . (un tel) en
» qualité de   & vous lui obéirez
» en tout ce qu'il vous commandera pour le
» *Service & Police* de ladite Ville. »

Après ces mots les Tambours fermeront le ban, & le nouveau promu prendra rang & commandement dans la Troupe.

Après que l'organifation générale aura été arrêtée, on s'occupera de celle des Compagnies ; en conféquence, il fera délivré, à chaque Capitaine des Compagnies non foldées, des feuilles imprimées, pour y infcrire les noms de tous les Officiers, Bas-Officiers & Soldats qui la compofent, conformément à l'Article VI du titre premier.

Il en fera délivré d'un autre modèle aux Capitaines des Compagnies foldées, pour y porter journellement toutes les mutations de leur Compagnie ; cette feuille fera arrêtée tous les deux mois, & elle fera fignée de lui, vifée du Major de la Divifion, & envoyée au Quartier-Maître-Général, pour fervir, conjointement avec l'extrait de revue, à régler le décompte des appointemens & folde.

VIII. Ledit Capitaine tiendra auffi un régiftre pour y infcrire le compte de chaque homme ; lequel fera arrêté, foldé tous les fix mois, & figné des Soldats à chaque arrêté.

Il enverra prendre chez le Quatier - Maître-Tréforier-Général, par le Sergent-Major de fa Compagnie, le prêt de fa Troupe, tous les cinq jours, à l'heure qui en fera fixée, une fois pour toutes, au moyen d'un billet, ou carte de prêt, fignée dudit Capitaine, dont le modèle fera donné inceffamment.

Les appointemens dus aux Officiers feront payés premier de chaque mois, & remis à chaque apitaine, qui en fournira fon reçu au Quartier-Maître-Tréforier-Général, & qui fera chargé de les payer aux Officiers de fa Compagnie.

IX. Ledit Capitaine fera la vifite de fa Compagnie auffi fouvent qu'il le jugera à propos; mais au moins une fois tous les Dimanches, pour s'affurer, par lui-même, que la police, la propreté & la tenue convenable y'font obfervées.

X. Les Lieutenans & Sous-Lieutenans feront alternativement le fervice intérieur de leur Compagnie; un d'eux y fera, tous les jours, une vifite dans la matinée, pour veiller au bon ordre, au fervice, à la tenue, à la propreté des hommes & des chambrées; il recevra le rapport des Bas-Officiers; il rendra compte au Capitaine de ce qu'il y aura eu de nouveau depuis la vifite de la veille.

D'après ce compte, qui fera rendu, avant onze heures du matin, au Capitaine, celui-ci formera fon rapport du jour, dans lequel il rendra compte de tout ce qui concerne le logement, les mutations & la police de fa Compagnie. Dans ce rapport, il fera les demandes des Congés limités qu'il jugera à propos d'accorder; mais il répondra de la sûreté & bonne conduite des hommes , pour qui il les demandera ; il enverra ce rapport à la Parade , au Major ou à l'Aide-Major de femaine , auquel il fera répondu par le Major général , s'il y a lieu.

XI. Les Sergens-Majors ne monteront point de garde ; ils feront chargés d'aller à la Parade , & de commander le fervice ; ils veilleront particulièrement fur la tenue & propreté de l'armement, habillement & équipement , fous les ordres de leurs Officiers ; ils feront la diftribution du prêt , de cinq en cinq jours, en préfence de l'Officier de vifite du jour , & feront chargés de recevoir & de diftribuer à leurs Compagnies toutes les fournitures qu'on leur fera , de quelqu'efpèce qu'elles foient , dont ils rendront compte à leur Capitaine.

XII. Les Tambours-Majors infpecteront les Tambours de leur Divifion , tous les jours , à la Parade, & ils feront chargés de l'école d'inftruction des Tambours de la Divifion.

Le Tambour - Major le plus inftruit fur les batteries , affemblera , une fois par mois, les Tambours-Majors & les Tambours des fix Divifions , pour leur donner une leçon, dont le but fera de mettre de l'uniformité & de l'enfemble dans les fignaux & dans les batteries ; lefquelles feront toujours les mêmes que celles de l'armée.

XIII. Les Sergens veilleront particulièrement à la tenue des hommes , & à la propreté des chambres ; ils feront les infpections des hommes de fervice , & les appels journaliers qui feront prefcrits par les Chefs de Divifions & Commandans de Bataillons ; ils inftruiront les hommes de Recrue, & les mettrons en état de faire le fervice le plus promptement poffible. Les principes de cette inftruction de détail, ainfi que ceux des manœuvres, feront pris dans les Réglemens qui font pratiqués dans les Troupes de l'Armée.

XIV. Les Caporaux feront chargés du foin de l'Ordinaire, de la propreté & tenue des chambres & de l'inftruction des Recrues, conjointement avec les Sergens, auxquels ils rendront compte.

XV. Les Grenadiers, Soldats & Tambours feront tenus toujours proprement ; ils ne paroîtront point hors de leur logement fans être habillés uniformément, excepté les Ouvriers, qui, ayant obtenu la permiffion de travailler, pourront être coftumés relativement au genre de leur travail.

XVI. Aucun Caporal, Grenadier, Soldat ou Tambour, ne pourra fortir du Quartier avant l'appel du matin, ni refter en Ville après la retraite, à moins d'une permiffion fignée du Capitaine de la Compagnie.

Les Tambours battront l'affemblée devant leur Caferne, le matin à neuf heures. Ils feront affemblés, le foir, fur la place de la Parade de leur Divifion. Le Tambour-Major fera commencer de battre la retraite fur la place, à l'heure qui fera indiquée par le Major Général, & delà il fera diriger les Tambours, chacun vers leur Caferne, en battant la retraite.

XVII. Les hommes d'une compagnie feront partagées en autant d'efcouades qu'il y a de Caporaux ; de manière que les nouveaux Soldats foient mêlés avec les anciens, & que le fervice fe faſſe par un nombre d'hommes quelconque , pris également dans chacune.

XVIII. Chaque Diviſion aura ſa Parade parti-culière ; le lieu où elle ſe fera, fera , autant que faire ſe pourra, au centre ou chef-lieu des dix Diſtricts compoſant ladite Diviſion.

XIX. Le ſervice journalier pour la garde & police de la Ville, fera fait par environ un quart de la Troupe ſoldée ; de manière que chaque homme puiſſe avoir trois nuits de repos d'une garde à l'autre.

La troupe non ſoldée fournira , pour le même ſervice, un ou deux Citoyens par Compagnie par jour alternativement. L'Aide-Major du Bataillon qui ſera chargé du contrôle deſdites Compagnies, les nommera ; en ſorte que chacun de ceux qui y ſeront inſcrits ayent au moins quarante-huit jours d'intervalle d'une garde à l'autre. Ces Citoyens ſe trouveront au rendez-vous général indiqué ci-après pour la Parade de la Diviſion, où ils ſe préſenteront au Sergent-Major de la Compagnie ſoldée de leur Bataillon.

Au moyen de cette fixation , la garde de la Ville ſera compoſée journellement, ſçavoir :

D'Infanterie ſoldée.	1 , 500 h.
D'Infanterie non ſoldée.	500
Total.	2 , 000 h.

XX. Les Sergens-Majors des Compagnies ſol-dées, ſeront chargés de mener les hommes de garde aux lieux indiqués pour l'aſſemblée de la parade journalière de leur Division. Un Aide ou sous-Aide-Major s'y trouvera pour recevoir les rapports des Compagnies, & pour disposer les gardes par postes sur trois rangs.

XXI. Les jours de Fêtes & Dimanches, tous les Tambours de la Division se trouveront à la Parade; & les autres jours, il n'y en aura que la moitié; le Tambour-Major s'y trouvera tous les jours pour les inspecter & leur faire les signaux, ainsi qu'il est dit à l'article XII ci-dessus.

XXII. Il y aura tous les jours à la parade de chaque Division, l'Aide-Major, & un Capitaine d'une des Compagnies soldées; le plus ancien l'inspectera & la fera défiler. Le Major se trouvera tous les Jeudis & Dimanches, à la Parade de sa Division, & le Commandant à celle du Dimanche, & plus souvent, s'ils le jugent à propos. Lorsqu'un de ces deux Officiers supérieurs s'y trouvera, il l'inspectera & la fera défiler.

Tous les Officiers des Compagnies soldées se trouveront à la Parade du Dimanche.

Les Officiers des Compagnies non soldées pourront aussi s'y trouver; mais ils n'y seront pas obligés.

Les uns & les autres seront costumés dans l'Uniforme le plus exact, lorsqu'ils viendront à la Parade, soit pour l'inspecter, soit pour la voir défiler.

XXIII. Lorsque la Garde sera prête de défiler, il sera fait un roulement; à ce signal, les Officiers se placeront ensemble, sur un ou plusieurs rangs, pour la voir défiler; les Officiers supérieurs seront placés un pas en avant du premier rang, qui fera formé des Capitaines.

XXIV. A midi précis, l'Officier fupérieur qui fe trouvera préfent, ou le plus ancien des autres, ordonnera à l'Aide-Major de faire défiler la Garde; cet Officier major la fera mettre en mouvement, en faifant marcher par peloton, à droite, pour défiler devant les Officiers; les Tambours battront au champ.

XXV. Le Major-général ordonnera, tous les jours, à un des Aides-Majors-généraux d'aller infpecter & voir défiler la Parade d'une Divifion; de manière que, tous les 6 jours, les parades des Divifions ayent été vues & infpectées par un Aide-Major-général.

XXVI. Il fera établi auprès du logement du Major-général, un Corps-de-Garde, dans lequel chaque Divifion enverra un Bas-Officier d'Ordonnance, lequel fera relevé tous les jours, à midi.

XXVII. Ce bas-Officier fera envoyé à la Parade de fa Divifion, avant midi, pour y porter les ordres que le Major-général auroit à y faire paffer, & celui qui devra le relever s'y trouvera auffi, pour recevoir, de l'Aide-Major, les billets de rapports des Capitaines, qu'il portera au Major-général.

XXVIII. Les Gardes fe porteront dans le plus grand ordre au lieu qui leur aura été indiqué par l'Aide-Major, pour y prendre pofte, ou pour y relever celles qui y feroient déja.

XXIX. Le fervice dans les poftes fera détaillé dans un Réglement général qui fera rendu par la Municipalité, pour la garde & police de l'intérieur & de l'extérieur de la Ville de Paris.

XXX. Il fera commandé un Capitaine & un Lieutenant ou Sous-Lieutenant par Divifion, tous les jours, pour faire la vifite des Poftes, & veiller à ce que les Patrouilles fe faffent exactement. Ils feront ce fervice, la nuit comme le jour, & fe concerteront enfemble pour fe partager les Poftes & Quartiers des Diftricts de la Divifion.

XXXI. Il y aura un Officier de Police à chaque Spectacle, & aux Vauxhall. Les Capitaines, Lieutenans & Sous-Lieutenans rouleront enfemble pour ce fervice, dont le détail fe fera par le Major-Général ; ces Officiers feront dans l'uniforme le plus exact, & en hauffe-col.

XXXII. La compofition de la Garde & Police des Spectacles & Vauxhall, fera toujours compofée d'un quart de Troupes non foldées, & les trois quarts des Troupes foldées.

XXXIII. En cas d'incendie, auffi-tôt que le tocfin fonnera, les Tambours battront la Générale dans le Diftrict de leur Bataillon. Alors la Troupe foldée & non-foldée prendra les armes, & fe portera fur le lieu du Diftrict défigné pour l'Affemblée du Bataillon.

XXXIV. La Garde à Cheval la plus proche de l'incendie, détachera des Cavaliers, auffi-tôt qu'elle s'appercevra du feu, pour aller avertir le Commandant-Général, le Major-Général, le Commandant de la Cavalerie, & le Maire de la Ville, & elle fera fonner le tocfin à la Paroiffe la plus voifine.

XXXV. Les Commandants des Gardes dans

le Diftrict duquel fera le feu, détacheront la moitié de leurs Poftes au lieu de l'incendie, pour y faire la Police jufqu'à l'arrivée du Bataillon du Diftrict; alors elles fe retireront à leurs Poftes refpectifs.

XXXVI. Les Officiers de l'Etat-Major-Général, & celui de la Divifion où fera le feu, fe porteront au lieu de l'incendie pour y faire obferver l'ordre fi néceffaire dans ces malheureufes circonftances, & pour encourager & diriger les Travailleurs.

XXXVII. Dès que le Bataillon fera affemblé, fi le Commandant du Bataillon ne s'y trouve pas, le plus ancien Officier &, en fon abfence, un bas-Officier, en prendra le Commandement, & fe portera fur-le-champ au lieu de l'incendie; la moitié fera armée pour faire la police, & l'autre moitié fans armes, pour prêter les premiers fecours.

XXXVIII. Les Capitaines des autres Compagnies des Bataillons de la Divifion où fera le feu, détacheront 20 hommes armés de leur troupe, & 20 hommes fans armes, conduits par un Officier ou Bas-Officier, pour y faire la Police.

XXXIX. Les Capitaines des Compagnies des cinq autres Divifions d'Infanterie, y enverront quatre hommes armés, & huit fans armes, conduits par un Bas-Officier.

XL. Les Capitaines n'enverront pas d'autres fecours à l'Incendie, que par les ordres qu'ils recevront du Major-Général; ils auront attention, en détachant des Travailleurs fans armes, d'envoyer de préférence ceux qui ont des profeffions

& qui peuvent être les plus utiles au travail contre l'incendie.

XLI. Les Gardes & Patrouilles feront toutes fous les Armes ; elles ne quitteront pas leur pofte, & elles redoubleront de vigilance & d'activité dans leurs Diftricts, pour y maintenir la Police & le repos Public.

XLII. Les Troupes refteront fous les armes, jufqu'à ce que le Major-Général les faffe avertir par un Cavalier, de rentrer.

XLIII. La Générale ne fe battra pas, pour quelque caufe & fous quelque prétexte que ce foit, que pour incendie, fans l'ordre du Major-Général.

Lorfqu'il fe formera des émeutes, la Garde qui s'en appercevra la première en fera avertir promptement le Major-Général, qui y fera porter la force convenable pour les diffiper.

Signé, *De Boifpréaux. Gallet de Santerre, Demeftre du Rival, de Beriytter, Flament, Cherpitel, Chevalier Guillotte, de Pefcheloche, Parfeval de Grandmaifon, Debourge, le Marquis d'Elbée, le Chevalier de S. Tray, Adjoint ; Gondeville, Chéron de la Bruyère, Guérin, Gerderet, Barre de Boifméan, Muguet de Champalier, le Comte de Vinezac, d'Acofta, Guérin de Serciliy, Defperrieres, Lebelle, Roualle Chevalier de Boifgelou, Guyard, Duberger, Lafoffe, de Kéralio, Jacquinot, Jacquin, de S.-Martin, de Lagrey, de Ramainvillier, Maffon de Neuville, Viot. Ferrouffat.*

Le Marquis de Chabert, Vice-Préfident ; *Hion,* Secrétaire.

TITRE

T I T R E V.

Du Recrutement , Rengagement , Congés abfolus & limités.

A R T I C L E P R E M I E R.

Le terme des Engagemens fera de quatre ans tant pour les Soldats, ci-devant *Gardes-Françoifes* que pour tous ceux des autres Corps qui demanderont à être admis dans la *Garde-Nationale-Parifienne.*

Les Citoyens qui voudront fervir dans ledit Corps, feront tenus auffi de contracter un Engagement de quatre ans.

II. Les Sergens des ci-devant *Gardes-Françoifes*, qui ne deviendront pas Officiers au moment de la formation, & qui refteront au Corps, n'y contracteront point d'Engagement; ils y ferviront volontairement, feront feulement tenus à avertir fix mois d'avance, lorfqu'il voudront s'en aller.

Les Caporaux des ci devant *Gardes-Françoifes*, qui, au moment de la formation, pafferont au grade de Sergent, jouiront de la même prérogative; mais à l'avenir, aucun Sergent, Caporal, Grenadier ou Fufilier, ne pourra être Garde-National, fans contracter un engagement.

III. Il fera établi par le Quartier-Maître Trésier-Général un Regiſtre, dans lequel il inſcrira les hommes qui compoſeront les Compagnies ſoldées, avec leur ſignalement.

Le Commiſſaire-Général ſera tenu d'avoir un pareil Regiſtre.

IV. POUR entretenir le complet des Compagnies ſoldées ſur le pied preſcrit dans l'art. XVI du tit. I, on engagera les hommes, qui ſe préſenteront de bonne volonté, proportionnellement au nombre qui manquera.

V. LES hommes qui ſe préſenteront pour s'engager, ſeront conduits au Commiſſaire-Général, qui ſera chargé de les examiner, & de recevoir leur engagement.

Le Commiſſaire-Général ſera chargé auſſi de faire conduire le Recrue chez le Chirurgien-Major de la Diviſion, pour ſçavoir s'il n'a aucune infirmité qui puiſſe l'empêcher de ſervir.

Le Recrue ſera préſenté enſuite au Major-Général, pour confirmer ou infirmer ledit Engagement; &, après la confirmation, le Commiſſaire-Général ſera tenu d'inſcrire ledit Recrue ſur ſon Regiſtre, & de viſer ſon Engagement.

VI. Après ces formalités, le Recrue ſera conduit au Bureau du Quartier-Maître-Général, pour être inſcrit ſur les Regiſtres, y recevoir le prix de ſon Engagement, qui ſera dépoſé au Bureau, & connoître la Compagnie à laquelle il ſera deſtiné.

VII. Les hommes de Recrue qui ſe préſenteront ne ſeront admiſſibles que de l'âge de 16 ans juſqu'à 26.

Ceux de 16 à 20 auront au moins 5 pieds 2 pouces.

Ceux de 20 & au-deſſus, auront 5 pieds 4 pouces au moins.

VIII. Ceux des Recrues qui ne ſeront pas de Paris ne ſeront point admis, s'ils ne ſont porteurs de Certificats qui juſtifient leur ſortie de chez eux. Ceux qui les auroient perdus, ſeront reçus ſans engagement, juſqu'à ce que ces titres ſoient arrivés.

IX. Les hommes qui avant la Lettre du Roi, du 21 Juillet 1789, ſe ſont réunis à la Troupe *Nationnale*, ſeront admis à ſervir dans la *Garde-Nationale Pariſienne*; mais à l'avenir, ceux qui ſe préſenteront ſans Congé abſolu, ne ſeront point reçus.

Ceux qui auront ſervi dans quelque Troupe que ce ſoit, ne ſeront reçus qu'autant qu'ils produiront un Congé abſolu, lequel ſera dépoſé au Bureau, & qu'ils auront d'ailleurs les quallités requiſes pour être admis.

X. Les hommes du Régiment des ci-devant *Gardes-Françoiſes*, ſeront reçus, en produiſant leurs Congés abſolus. Ceux qui s'abſenteront dans le moment de la formation, ſeront reçus à leur retour, & conſerveront leur rang d'ancienneté dans les Compagnies, pourvû qu'ils y rentrent dans l'eſpace d'un mois, paſſé lequel tems, ils ſeront regardés comme Recrue; & ils ne prendront rang dans la Compagnie, que de la date de leur Engagement.

XI. Il ſera accordé la ſomme de 50 liv. à chaque homme, le jour de ſon Engagement, ſur laquelle ſomme il ſera prélevé le prix des premiers effets de petit équippement, ainſi que celui de production.

XII. Lorſque les Compagnies non-ſoldées auront été formées par les Diſtrict reſpectifs, les Majors de Division feront dreffer, le plutôt poffible, par les Capitaines la Lifte des Officiers, Bas-Officiers, Caporaux & Gardes qui compoferont leurs Compagnies. Le Quartier-Maître Général délivrera des imprimés pour en faciliter le travail, & y mettre de l'uniformité. Cette Feuille fera connoître leurs noms de baptême, de famille, leur grade, âge, profeffion, le nom de leur rue, & le N^o de leur demeure. Chaque Citoyen Garde-Nationale fignera cette Lifte, qui fera dépofée au Bureau du Quartier-Maître-Tréforier-Général, pour y être le premier & le plus précieux dépôt des Archives du Corps.

Le Capitaine fera faire trois copies de cette feuille, avant de la dépofer au Bureau, dont une fera remife à la Municipalité, une reftera entre les mains du Capitaine & une entre celles de l'Aide-Major du Bataillon, ayant le détail du Service.

XIII. Tous les trois mois, aux époques qui font le terme des locations, les Capitaines defdites Compagnies feront l'appel des Citoyens qui les compofent; pour s'affûrer de leur exiftence, & faire le remplacement de ceux qui n'exifteront plus, conformément à l'Art. VI du Titre premier.

XIV. Les nouveaux Gardes-Nationaux de la troupe non-foldée, feront envoyés au Bureau du Quartier-Maître-Tréforier Général, munis d'un billet de leur Capitaine, qui défignera le nom du fujet qui ne fera plus compris dans la lifte, avec les raifons & le nom de celui qui le remplacera.

XV. Les hommes des Compagnies foldées, auront la liberté de fe rengager, s'ils font jugés en état de continuer leurs fervices.

XVI. Les rengagemens seront de 4 ou 2 ans. Ceux qui voudront se rengager, le feront librement & pour un des deux termes ci-dessus arrêtés.

XVII. Le traitement des Gardes-Nationaux-Parisiens, étant un avantage suffisant pour décider ceux qui voudront se rengager, il ne sera rien payé pour les susdits rengagemens. Ceux qui n'auroient pas eu une bonne conduite pendant leur premier Congé, ne seront point admis à se rengager, & seront renvoyés à l'expiration de leur engagement ou rengagement.

XVIII. Tout Garde-National, qui, après avoir pris son Congé absolu, voudroit rentrer au corps, sera admis sans engagement, & prendra son rang dans sa Compagnie, si son absence n'est que d'un mois ; passé lequel temps, il prendra la queue de la Compagnie où il sera placé.

XIX. Tout-Garde-National recevra, à l'expiration de son engagement ou rengagement, son Congé absolu, sur la demande du Capitaine, dans son Rapport du jour.

XX. Tout Garde-National recevra en même-temps la pension de retraite qui sera fixée par le réglement qui aura lieu sur cet objet, s'il en est susceptible par ses services dans le Corps ; l'intention de la Municipalité étant de prendre en considération les services antérieurs des ci-devant Gardes-Françoises & des Soldats des autres corps qui ont servi la cause Publique.

XXI. Tout Garde National qui obtiendra un Congé de grâce, payera cent livres, qui seront versées dans la Masse-Générale, & laissera au Corps son habillement, s'il ne le portoit pas depuis un an.

XXII. Les hommes qui défireront contraĉter de nouveaux engagemens, fe préfenteront à leur Capitaine, qui atteftera que le fujet propofé eft, par fa bonne conduite, fufceptible d'être admis à continuer fes fervices. Cet homme fera conduit enfuite chez le Chirurgien-Major, qui certifiera de fa bonne conftitution, & enfuite chez le Commiffaire-Général qui l'inférera fur fon regiftre, ainfi que le Quartier-Maître, chez qui il fera conduit.

Des Congés limités.

XXIII. La Municipalité de la Ville de Paris, ayant fixé la compofition de la Troupe foldée, proportionnellement au fervice qu'elle doit faire ; elle a jugé en conféquence qu'il n'étoit pas poffible d'accorder de Semeftres ; mais, fon intention étant de ne priver aucun fujet de vaquer à fes affaires particulières, elle autorife le Commandant-Général, d'accorder quelques Congés aux Officiers & à la Troupe foldée, qui fe trouveroient dans la néceffité indifpenfable de s'abfenter, fans toutesfois que le fervice puiffe en fouffrir.

XXIV. Lorfqu'un Officier de la Troupe foldée aura befoin de s'abfenter pour moins de quinze jours, la demande en fera faite au Commandant-Général, fur le rapport du jour, prefcrit par l'Art. X du Titre IV, à laquelle demande il fera répondu dans les 24 heures. Mais, lorfqu'un Officier voudra obtenir un Congé plus long, il fera un Mémoire contenant les motifs de fa demande, & le terme dont il aura befoin ; il fignera ce Mémoire, & le remettra à l'Officier du grade fupérieur au fien, dans fa Compagnie, fon Bataillon ou fa Divifion.

Ce Mémoire parviendra ainſi, de grade en grade, au Commandant du Corps ; les Officiers, par les mains de qui il paſſera, le ſigneront. Le Commandant-Général écrira ſur ledit Mémoire ſon conſentemeut ou ſon refus, & le fera parvenir au Demandeur, en rétrogradant ſa marche.

XXV. Si le Congé eſt accordé, l'Officier le remettra au Quartier-Maître-Tréſorier-Général, qui lui payera un mois d'appointemens d'avance, non-compris ce qui lui ſera dû pour le mois courant, dont il lui fournira un reçu.

XXVI. Au retour du Congé, l'Officier reprendra ſon Mémoire chez le Quartier-Maître-Tréſorier-Général, & en ſe préſentant chez le Commandant-Général, il le lui préſentera pour recevoir ſon *viſa*.

Cette Pièce ſera remiſe au Commiſſaire-Général le jour de ſa revue, par ledit Officier, pour être rappellé de ſes appointemens, conformément à l'art. 5 du tit. 6.

XXVII. Les Bas-Officiers ou Gardes qui auront des beſoins indiſpenſables de s'abſenter, s'adreſſeront à leur Capitaine, qui examinera la validité de leurs raiſons ; &, lorſquelles ſeront de nature à accorder un Congé, ils en feront la demande dans le rapport du jour ſuivant, ayant attention de n'en demander que pour les termes au-deſſus de trois mois. On prévient au ſurplus, que le nombre des Congés ne dépaſſera jamais celui de cinq Bas-Officiers ou Gardes par Compagnie.

XXVIII. Il ſera imprimé un modèle deſdits Congés, pour être ſuivi & viſé par les Officiers déſignés dans ledit Modèle.

Signé, Plaſſon, Chevalier Guillotte, Férouſſat, Delerm, Ramainvilliers, Papillon, d'Acoſta, Viot, Debourges, de Boiſprèaux, Barré, Flament, de Meſtre du Rival, de Peſcheloche, de Benivtier, Jacquinot, Cherpitel, Groiſdée, Maud, Milton, Lebelle, de Kéralio, Gallet de Santerre, le Comte de Vinezac, Jacquin, Lafoſſe, Guerin, Barré de Boiſinéan, le Chevalier de S Tray, Adjoint.

Le Marquis de Chabert, Vice Préſident;

Hion, Secrétaire.

TITRE VI.

Des Revues du Commiſſaire Général de la comptabilité & de l'Adminiſtration.

ARTICLE PREMIER.

Des Revues du Commiſſaire-Général.

Il ſera établi des contrôles de revues conformes au modèle annexé au préſent Réglement, leſquels feront renouvellés tous les ans.

II. Le Commiſſaire-Général fera revue tous les deux mois, de chaque Diviſion, du 1er. au 8 des mois de Janvier, Mars, Mai, Juillet, Septembre & Novembre, pour ſervir au payement des appointemens, ſolde & maſſe de la Troupe ſoldée.

Le jour & l'heure de cette Revue feront indiqués à l'ordre, par le Major-Général.

III. Les Officiers de l'État-Major Général se trouveront à la revue de la Compagnie soldée du Ier. Bataillon de la première Division. Les Officiers des autres États-Majors qui reçoivent des appointemens, se trouveront à celle de la Compagnie du premier Bataillon de leur Division.

IV. Le Commissaire-Général constatera sur le contrôle de chaque État-Major & de chaque Compagnie, lors de la revue, la présence ou l'absence de ceux qui les composent.

V. Les Officiers absens, de quelque manière que ce soit, à l'époque de la revue, ne seront payés de leurs appointemens que jusqu'au jour inclus de leur absence, retraite ou mort ; ceux des Officiers qui seront de retour de congé, seront rappellés de leurs appointemens à la première revue, pourvu qu'ils produisent, au Commissaire-Général, l'attestation du Commandant-Général, prescrite au titre V, art. 26.

VI. Les Officiers nouvellement pourvus d'emplois, ou montés à un nouveau grade, seront payés du jour de la date de leurs brevets, & rappellés en conséquence à la première Revue ; lesdits brevets seront communiqués au Commissaire-Général le jour de sa revue.

VII. Les hommes qui se trouveront absens, à l'hôpital, ou en congé, seront compris dans la revue, mais ils cesseront d'être payés aux Capitaines du jour de leur entrée à l'hôpital, ou départ par congé inclusivement.

VIII. La solde des hommes de retour, à l'expiration des congés, sera remise aux Capitaines le jour du prêt qui suivra celui de leur retour, au moyen d'un bon de leur départ, joint au congé limité desdits hommes qu'ils enverront au Quartier-Maître-Tréforier-Général.

La fomme qui leur reviendra fera partagée entre l'homme de retour de congé & les hommes des Compagnies, qui ont fait leur fervice en commun, ainfi qu'il eft dit à l'article 39 du préfent titre.

IX. La folde entière des hommes qui auront été à l'hôpital reftera dans la caiffe du corps, pour payer les journées d'hôpitaux, quand on en fera la réclamation.

Les hommes qui feront morts, défertés ou congédiés dans l'intervalle d'une revue à l'autre, feront payés jufqu'auxdits jours inclufivement.

X. Les Recrues & ceux qui fortiront des hôpitaux, feront payés à compter du jour de leur arrivée au corps ou fortie de l'hôpital.

XI. Les Capitaines enverront, tous les dix jours, au Commiffaire-Général, l'état nominatif des mutations arrivées à leurs Compagnies, pendant les dix jours précédens, pour en faire l'enregiftrement fur les feuilles de revue dont le modèle eft ci-joint.

XII. Le Commiffaire-Général fera des extraits de fa revue, à raifon d'un par Compagnie, & d'un par chaque État-Major, fur des feuilles dont il lui fera délivré des Imprimés conformes au modèle joint au préfent Réglement; il les fera vifer du Major-Général, & il les enverra enfuite au Quartier-Maître-Tréforier-Général, pour lui fervir de pièce de comparaifon & d'appui , ainfi que pour arrêter & folder les comptes des Compagnies.

De la Comptabilité.

Il fera établi une caiffe générale pour y verfer tous les fonds du Coprs. Cette caiffe fera toujours dépofée chez le Major-Général; elle aura trois ferrures différentes , dont les clefs feront tenues, favoir: une par le Major-Général; une par un Chef de Divifion, & une par le Quartier-Maître-Tréforier-Général.

Cette caiffe fera ouverte une fois tous les dix jours. Alors le Quartier-Maître-Tréforier-Général retirera les fonds dont il aura befoin pour les dépenfes des dix jours fuivants , & y dépofera ceux qu'il aura reçus du Tréforier de la Ville.

XIV. Il y aura dans la caiffe un Journal d'entrée & de fortie des fonds, lequel n'en fera retiré que pour enregiftrer les fommes que le Tréforier de la Ville payera tous les mois, fuivant l'Art. 11 du Titr. II, & celles que le Quartier-Maître-Tréforier retirera. Cet enregiftrement fera fait & figné chaque fois par ledit Quartier-Maître-Tréforier-Général, en préfence des deux Officiers fupérieurs, dépofitaires des clefs.

XV. Le Quartier - Maître-Tréforier - Général fera refponfable des fonds qui lui auront été confiés.

Il ne fera aucun payement à qui que ce foit du Corps ou Etranger , excepté les appointemens , folde & maffe qui y feront dus, fans y avoir été autorifé par un ordre du Major-Général , approuvé par le Commandant-Général.

XVI. Le Quartier-Maître-Tréforier-Général

tiendra un Journal de recette & de dépense, dans lequel il portera, à mesure, les sommes qu'il retirera de la caisse, & celles qu'il dépensera.

XVII. Il fera le dépouillement de son Journal, tous les mois; il en portera les articles sur le Registre général, qui sera timbré : *Registre Général de Recette & Dépense du Corps des Gardes-Nationales-Parisiennes.* Ce Registre sera tracé de manière que tous les objets de dépense y soient distincts & séparés. Tous les articles de dépense porteront un N° correspondant à celui de la Pièce justificative.

XVIII. Le Commandant-Général fera établir un Comité Supérieur, & un Comité Inférieur, ou Permanent, pour l'examen de l'administration générale du Corps. Ces Comités s'assembleront, l'un ou l'autre, toutes les fois qu'il sera nécessaire, d'après les ordres du Commandant Général.

XIX. Il sera établi un Registre des Délibérations des Comités, sur lequel le Secrétaire-Général, qui en sera le Dépositaire, portera les Délibérations ou Décisions. Tous les Membres le signeront, à la fin de chaque Séance. Ceux qui seroient d'un avis différent à celui de la pluralité, seront obligés d'écrire leur opinion sur ledit Registre ; ce qui cependant ne pourra pas empêcher l'exécution de l'Arrêté ou Décision de la pluralité des suffrages.

Le Comité Supérieur sera composé
du Commandant-Général 1
   Du Major-Général 1
   D'un Membre de la Municipa-
lité 1   Total 11
   Du Chef ou Major de chaque
Division, alternativement . . . 6
   Du Commandant de la Cavalerie. 1
   & du Commandant de l'Ar-
tilerie 1

Le Commité Inférieur, ou permanent, sera com-
posé du Major-Général 1
   D'un Chef de Division . . . 1
   D'un Major de Division . . . 1
   D'un Commrndant de Bataillon 1   Total 7
   Du Commandant de la Cavalerie 1
   Du Commandant de l'Artillerie 1
   Et d'un Capitaine 1

XXI. Tous les deux mois, le Comité Inférieur
s'assemblera chez le Major-Général, qui présidera,
pour y examiner & arrêter provisoirement les comptes de recette & dépense des deux mois précédens,
& tout ce qui tient à l'administration générale. Les
Arrêtés & Décisions seront également provisoires.
Le droit des Arrêtés & Décisions définitives ap-
partiendra au Comité Supérieur.

XXII. Le Quartier-Maître - Trésorier-Général
mettra sous les yeux du Comité Inférieur, le Registre Général du corps, & les Pieces justificatives
de la dépense des deux mois précédens ; lesquels
Pieces seront arrangées dans l'ordre des articles.

Tous les articles de dépenfe y feront lus & dif-
cutés, s'il eft néceffaire, avant de les paffer.

XXIII. Le Comité Supérieur s'affemblera,
tous les ans, pour l'apurement & l'Arrêté définif
des Comptes de l'année; ce Comité fe tiendra
chez le Comandant-Général, qui en fera le
Préfident.

XXIV. Le Quartier-Maître-Tréforier-Général,
mettra également fous les yeux du Comité Supérieur le Regiftre-Général de la comptabilité des
finances du Corps, & dépofera, fur le bureau,
toutes les Piéces Juftificatives des Dépenfes de
l'année, arrangées par liaffe, de deux en deux
mois, fuivant les époques des Arrêtés du Comité
inférieur.

XXV. Le Commiffaire Général fe trouvera
aux Comités, fans y avoir de voix délibérative,
pour répondre aux queftions que les Membres pourroient lui faire fur des objets relatifs aux parties
dont il eft chargé.

XXVI. Les perfonnes du Corps ou toutes
autres, chargées de quelques parties d'Adminiftration, y feront appellées, lorfque le Comité le
jugera néceffaire.

XXVII. Après l'examen détaillé de toutes les
parties de la Comptabilité, les Recettes & Dépenfes de l'année feront arrêtées definitivement,
tant fur le journal de la Caiffe, que fur le Regiftre
général de la Comptabilité; l'un & l'autre feront
fignés de tous les Membres du Comité Supérieur.

XXVIII. Le réfultat de cet Arrêté fera porté fur
le Regiftre des Délibérations du Confeil,

XXIX. Il fera fait un procès-verbal de la Séance du Comité Supérieur, à l'occasion de l'Arrêté général de la Recette & Dépense du Corps, pour être remis à la Municipalité; lequel Arrêté préfentera les fommes que le Tréforier de la Ville aura remifes au Quartier-Maître-Tréforier-Général pendant l'année, & celles que ce dernier aura payées pour toutes les Dépenfes du Corps, & enfin celle qui reftera à la Caiffe générale le jour de l'Arrêté. Ce procès-verbal fera fait par le Quartier-Maître-Tréforier-Général, figné par le Comité Supérieur, & vifé du Commandant général.

Adminiftration des Compagnies foldées.

XXX. Il fera formé des Magafins généraux & particuliers pour les remplacemens & entretien de toutes les par.ies d'Adminiftration, concernant les Compagnies foldées.

XXXI. Le Magafin général fera le lieu où feront dépofées toutes les étoffes ou fournitures neuves; les Magafins particuliers s'alimenteront des objets qu'ils retireront du Magafin général.

XXXII. Les Magafins particuliers feront au nombre de quatre, fçavoir :
Celui de l'habillement, & fes réparations;
Celui de l'équippement, & fes réparations;
Celui de l'armement, & fes réparations;
Et celui des effets de petite monture.

XXXIII. Chacune de ces parties fera confée à un Officier inftruit, qui aura, fous lui, un Bas-Officier de confiance; & il leur fera donné une

Inftruction relative a l'objet dont ils feront chargés.

XXXIV. Il fera paffé des marchés avec les Fourniffeurs qui offriront le plus d'avantage, tant relativement aux prix, qu'aux qualité & quantité des articles qu'ils fe chargeront de fournir. En conféquence, il fera demandé inceffamment des échantillons de toutes les différentes parties néceffaires au Corps, pour le remplacement & entretien de fes habillement, équippement, armement & effets de petite monture.

XXXV. Lorfque les échantillons feront parvenus au Quartier-Maître-Tréforier-Général, chargé du détail de l'Adminiftration du Corps, il en préviendra le Major-Général; celui-ci en rendra compte au Commandant, qui ordonnera l'Affemblée d'un Comité, pour les examiner, en arrêter les prix, s'il y a lieu, & autorifer l'homologation des marchés dont le double fera envoyé à la Municipalité.

XXXVI. Les Marchés pour toute efpèce de fournitures à l'ufage du Corps, feront dreffés par le Quartier-Maître-Tréforier-Général, conjointement avec le Commiffaire-Général. Ces Marchés feront foumis, avant d'être conclus, au Comité Permanent du Corps, qui les confirmera ou infirmera, & ils n'auront de valeur qu'autant qu'ils feront revêtus de fon approbation. Après la conclufion de ces Marchés, on fera connoître aux Officiers du Corps, le nom des perfonnes qui feront chargées des fournitures qui les regardent particulièrement, telles que celles :

Des

Des Chapeaux,
Boutons,
Hauffe-Cols ,
Gibernes ,
Ceinturons ,
Epées,
Epaulettes & Dragonnes.

Avec le prix de chacun de ces objets. Les modéles & échantillons de ces effets feront faits doubles , marqués de l'empreinte du Cachet du Corps & de celui du Soumiffionnaire , dont l'un fera dépofé au Magafin général du Corps, & l'autre chez le Fourniffeur.

XXXVII. Les Marchés pour les objets ci-deffus à l'ufage des Officiers, ne les obligeront point de faire leurs emplettes chez les fourniffeurs défignés ; l'intention du Commandant-Général à cet égard, étant de donner les moyens aux Officiers du Corps d'avoir des effets exactement uniformes, au prix le plus jufte ; & n'entendant point gêner la liberté d'aucun de ces MM. fur le choix de leurs Fourniffeurs.

XXXVIII. Les Capitaines feront fpécialement chargés de veiller à l'entretien des effets de petite monture des hommes de leur Compagnie, au moyen de ceux qu'on délivrera annuellement, fuivant l'Art. IV du Titre III, & de leur part de la bourfe commune préfcrite par l'Article XXXIX ci-après. Le Commandant-Général s'en rapporte à leur vigilance & à leur zéle, pour tous les effets détenus, ainfi que pour la Police & Difcipline intérieure de leurs Compagnies ; ils fe feront aider par les Lieutenans & fous-Lieutenans, dans toutes les parties de tenue de Difci-

D

pline & d'Adminiſtration ; de manière qu'aucun de ces objets ne ſoit jamais négligé ni
ralenti.

XXXIX. L'expérience n'a que trop ſouvent
prouvé le déſavantage qu'il y a pour la ſanté d'un
Soldat de lui donner à faire le ſervice de ſon
camarade, ſous prétexte de pourvoir à ſon équippement ; en conſéquence cet uſage pernicieux
ſera proſcrit dans le Corps de la Garde-Nationale-
Pariſienne ; & toute eſpèce de Service ſe fera
toujours en commun par Compagnie de grade à
grade ; le Service des Sergens & Caporaux ſe
fera en commun par leurs camarades ; celui des
Appointés, Grenadiers ou Fuſiliers ſe fera auſſi
en commun par les Appointés & Fuſiliers
enſemble.

Les ſommes provenantes du bénéfice des congés
limités, ainſi que celle du ſervice des Travailleurs ou de la Garde & Police des Spectacles,
feront miſes dans une bourſe tenue par le Capitaine, & partagée, tous les trois mois, entre
ceux qui ont fait le Service.

Le compte de cette bourſe commune ſera
tenu en règle & communiqué, tous les mois, à
la Troupe.

XL. Les réparations journalières des habillement, Equippement & Armement ſe feront dans
les Attelliers établis pour cela, dans leſquels on
portera tous les objets à réparer.

Chaque partie d'habillement, équippement &
armement qui ſera portée au Magaſin, ſera
étiquetée.

1°. Du nom du Bataillon ;

2°. De celui de la Compagnie ;

3°. De celui de l'Homme ;

4°. De l'efpèce de réparation ;

5°. Des date & fignature du Sergent-Major.

L'Officier chargé du détail de ces Atteliers exa-minera chaque partie, avant & après la répa-ration ; &, s'il s'apperçoit que les dégradations aient été faites par la faute des Gardes, il en fera porter la réparation fur leur compte.

XLI. Il fera fait un abonnement avec les Maîtres Tailleurs & Maîtres Buffletiers pour les réparations journalière, auquels il fera fourni feulement de vieilles pièces.

Quant aux façons de l'habillement, il fera arrêté un tarif pour la façon de chaque pièce d'habillement de la Troupe, avec des Tailleurs qu'on placera à la tête des atteliers, fons les ordres des Officiers & Bas-Officiers qui y feront nommés ; lefquels Maîtres Tailleurs prendront mefure à tous les hommes, & répondront de leur coupe & façons.

XLII. Il fera également arrêté un Tarif avec des Armuriers, pour la Fourniture de toutes les pièces qui compofent un fufil & fabre, ou pour leurs réparations.

XLIII. Les Abonnemens & Tarifs ci-deffus feront foumis à la difcuffion du Comité inférieur qui les fignera, s'il les approuve.

VLIX. Les Maîtres Ouvriers feront payés, tous les deux mois, par le Quartier-Maître-Tréforier-Général fur un état fait par les Officiers chargés du détail des différens atteliers, en fuivant les prix des Tarifs & Abonnemens approuvés par le Comité inférieur.

XLV. Les dépenfes pour le logement des troupes soldées, ainsi que celle relatives à l'hôpital, seront à la charge de la Municipalité, à moins qu'elle ne fasse les fonds nécessaires au corps, pour payer les loyers, les remplacemens & entretiens des fournitures & ustensiles, tant des caserres que de l'hôpital.

XLVI Dans le cas où la Municipalité en chargeroit le Corps, au moyen d'un abonnement convenu, le Comité inférieur nommera les Officiers & Bas-Officiers nécessaires pour veiller à l'entretien de ces deux parties importantes.

De la Discipline.

XLVII. Malgré la grande confiance qu'on doit avoir en des sujets qui l'ont méritée, en se sacrifiant à la cause commune des Citoyens, il est néanmoins de la plus grande importance de prescrire une discipline, sans laquelle le service de la meilleure Troupe n'a qu'un effet passager & momentané ; &, afin de rendre respectable, dans tous les tems, celui des Gardes-Nationales Parisiennes, il sera établi quelques principes de discipline dans un Réglement particulier, qui conviendront à-la-fois au service de la Capitale, aux sujets qui le feront, & à l'espèce de fautes.

Signé, *Plasson, Chevalier Guillotte, Féroussot, Delorme, de Ramainvillier, Papillon, d'Acosta, Viot, Debourge, de Boisprécux, Barré, Flament, Demestre du Rival, de Pelcheloche, de Beriytier, Jacquinot, Cherpitel, Groissedée, Maud, Millout, Lebelle, de Kéralio, Gallet de Santerie, le Comte de Vinezac, Jacquin, Lafosse, Guérin, Barré de Boisméan, Chevalier de S. Tray,* Adjoint.

Le *Marquis de Chabert*, Vice-Président
Hion, Secrétaire.

TITRE VII.

CONCERNANT l'ordre à observer tant pour déterminer le rang des Divisions dans la ligne, celui des Bataillons dans les Divisions, & celui des Compagnies dans les Bataillons, en exécution de l'Article IX du Titre premier du Réglement pour la Formation, Organisation, Solde, Police & Administration de l'Infanterie Nationale-Parisienne, que pour effectuer la Nomination aux Emplois créés par ce Réglement.

ARTICLE PREMIER.

Le Commandant-Général présentera, le plutôt possible, la liste des Officiers de l'Etat-Major-Général, ainsi que celle des Majors de Division, dont la nomination sera faite par la Municipalité.

II. L'Assemblée générale de chaque District, ou le Comité qu'elle a établi, enverra à son Député, au Comité Militaire de l'Hôtel-de-Ville, un pouvoir qui l'autorise à participer au tirage qui se fera en présence des Représentans de la Commune, aux jours & heures indiqués, du rang qu'auront les Divisions dans la ligne.

III. Les Districts sont prévenus que, si au jour & à l'heure indiqués, leur Député, ou son Suppléant , ne se trouve pas dans la salle du Comité Militaire , on procédera , tant en absence qu'en présence.

IV. Au jour & à l'heure indiqués , les Représentans des dix Districts composant la première Division , suivant le tableau annexé au Réglement , ayant été introduits dans la Salle d'Assemblée des Représentans de la Commune , M. le Président présentera un vase , dans lequel on mettra neuf billets blancs , & un billet sur lequel sera écrit : *Représentant des dix Districts, composant la Division.* Les dix Districts viendront successivement prendre un billet dans le vase ; & celui auquel sera échu le billet du Représentant de la Division , la représentera dans les tirages suivans.

V. On mettra tout de suite dans le vase dix autres billets , sur chacun desquels sera inscrit le nom d'un des dix Districts ; le Représentant des dix Districts en tirera un ; & le nom écrit sur ce billet , désignera le District où s'assembleront les trente Députés qui doivent nommer le Chef de Division , conformément à l'article III du Titre II. La même chose se fera pour les cinq autres Divisions , ce qui réduira les soixante Députés à six ; ces six derniers tireront au sort le rang des Divisions dans la ligne. Pour cela on mettra dans le vase six billets , sur chacun desquels sera écrit 1er, 2e, 3e, 4e, 5e, ou 6e Division. Chaque Représentant en prendra un , & sa Division aura dans la ligne le rang qui lui sera échu dans le tirage.

VI. Il sera dressé de toutes ces opérations , un procès-verbal dont copie sera envoyée à tous les Districts, auxquels l'Assemblée des Représentans de la Commune indiquera en même tems le jour & l'heure de l'Assemblée des Députés qui nommeront les chefs de Division, sous la Présidence du Chef du District où se tiendra chaque Assemblée de Députés.

MM. les Députés nommeront, dans cette Assemblée, le Chef de Division & le Chirurgien-Major, qu'on ne pourra prendre que parmi les Maîtres en Chirurgie ; après quoi on procédera au tirage du rang qu'auront entr'eux les Bataillons dans la Division.

VII. Le procès-verbal de ces opérations sera porté aux Districts où l'on s'occupera de la nomination de tous les Officiers des Compagnies non-soldées, & du Capitaine de la Compagnie soldée. Le District nommera aussi son Commandant de Bataillon & son Aide-Major ; après quoi on tirera au sort le rang des Compagnies dans le Bataillon, en observant que la Compagnie soldée a sa place décidée au centre du Bataillon, par l'Article IX du Titre I du Réglement.

VIII. Chaque District fera remettre à l'Assemblée des Représentans de la Commune, par une Députation, un Etat qui indiquera le numéro de la Division dont il fait partie, le rang de son Bataillon dans la Division, & celui des Capitaines dans le Bataillon. Il sera dressé de manière qu'on puisse y voir quels sont les Officiers attachés à chaque Compagnie.

Le Chef de Division, le Commandant de Bataillon & l'Aide-Major, y seront nommés, ainsi que le Chirurgien-Major qui aura été élu.

IX. L'Assemblée des Représentans de la Commune, après s'être assurée, par l'examen de ces

Etats, que le rang des Divisions dans la ligne, des Bataillons dans les Divisions, & celui des Compagnies dans les Bataillons est décidé, & que toutes les nominations d'Officiers sont faites, conformément aux Réglement, le Tableau de la Garde-Nationale-Parisienne, sera imprimé & adressé à tous les Districts.

Signé, *Le Marquis d'Elbée, Millon, de la Grey, Guerin, Pescheloche, Papillon, de Mesre, Cherpitel, la Fosse, Roualle - Chevalier de Boisgelou, Barré, Parseval de Grandmaison, le Chevalier Guillote, de Lerm, de Mandat, de Bourges, Féroussat, Barre de Boisméan, Guerin de Sercilly, Masson de Neuville, Gerdret, Dubergier, de la Colombe, Jacquinot, de Keralio, Guyard, Jacquin, Viot, Bardelle, Gallet de Santerre, Gondeville, Beriytter, Flament, de St-Martin, Lebelle, de Ramainvilliers, Muguet de Champalier, Groisdée, de Boispréaux, le Comte de Vinezac, d'Acosta, le Chevalier de St-Tray, Adjoint, Chéron de la Bruyère, de la Tour, Le Marquis de Chabert, Vice Président.*

Hion, Secrétaire.

HABILLEMENT.

Troupe non-soldée.

ARTICLE PREMIER.

HABITS.

L'Habit sera fait de Drap bleu de Roi, de Sedan mi fin, ou de Louviers, ayant des revers & paremens de drap blanc, collet montant de drap écarlate , la doublure de voile blanc , avec un paffe-poil écarlate ; les boutons & diftinctions feront jaunes.

Le collet fera montant , & proportionné à la hauteur du col.

Les revers auront, depuis la pointe fupérieure jufqu'au bas , qui fera coupé quarrément, 19 pouces de longueur , pour les perfonnes de longue taille, 18 pouces pour ceux de la moyenne, & 17 pouces pour ceux de la petite.

Ils auront trois pouces pleins au troifième bouton ; 2 pouces 8 lignes au cinquième , & 2 pouces 6 lignes au feptième.

L'écuffon du haut du revers s'étendra jufqu'au haut de l'épaulette, en fuivant bien le tour de la couture du collet ; le haut fera coupé en patte, dont le milieu fera pointu.

Il y aura 7 petits boutons à chaque revers.

Les paremens feront coupés à 3 pouces de long tout retrouffés , y compris le paffe-poil ; la largeur fera proportionnée à la groffeur du bras , & jufte autour de la manche.

Ils feront ouverts fur le côté extérieur ; & fe fermeront par deux petits boutons , dont le premier fera placé à 9 lignes du bas du parement , le deuxième à 20 lignes du premier.

L'ouverture du parement fera prolongée de deux pouces & demi à l'avant bras . & fe fermera par un petit bouton , placé pareillement à 20 lignes du fecond.

Il y aura un paffe-poil fur l'habit , & ce paffe-poil fera fait en drap écarlate.

58

Sur les retrouffis de l'habit, il fera mis aux quatre coins des pans, un vaiffeau découpé en drap écarlate ; le vaiffeau fera de 2 pouces & demi de large, fur deux pouces & demi de long.

L'habit fera agrafé, 1°. au collet, 2°. fur la poitrine.

Trois petits boutons à chaque parement.   6

Sept petits à chaque revers.   14

Un petit à chaque épaulette & contre-épaulette.   2

Douze petits à la vefte.   12

Trois gros boutons au bas du revers droit de l'habit.   3

Cinq gros à chaque poche.   10

La patte taillée en patte d'oie, fur deux pointes.

Deux gros fur les hanches, & deux gros pour le bas des plis.   4

Les poches feront pofées en travers, & ne feront que figurées fur les bafques de l'habit.

Les poches feront ouvertes en travers fous les bafques.

Le bouton fera de douze lignes de diamètre ; il y aura un filet autour dudit bouton, les armes de la Ville au milieu ; le n°. de la Divifion au haut du bouton, & le n°. du Bataillon au bas dudit bouton.

Le bouton fera de cuivre poli, pour les Soldats de la Troupe Nationale, & de cuivre doré pour les Officiers.

Les veftes feront faites de drap blanc, pour l'hiver, avec les boutons dont il eft fait mention ci-deffus.

La culotte fera faite à grand pont, avec les boutons de même étoffe.

II. CHAPEAU.

Le Chapeau fera demi-caftor, & coupé rond ; il aura quatre pouces de profondeur de forme, & 5 pouces & demi d'ailes.

Les ailes feront relevées avec des agraffes à l'ordinaire, & l'aile du côté gauche fera arrêtée par un ruban de foie noire, attaché à un petit bouton uniforme.

Le chapeau fera bordé d'un galon de foie noire, de dix lignes de large, à cheval fur ledit Chapeau.

III. COCARDE.

LA cocarde fera faite de bazin ; elle aura 3 pouces 6 lignes de diamètre ; le centre fera blanc, fur un pouce de diamètre ; les deux couleurs incarnat & bleu de Roi y feront adaptées. Le bleu de Roi formera un cercle, de 9 lignes de large, entourant le centre , l'incarnat formera le cercle extérieur, & il fera également de 9 lignes de large.

IV. HOUPPE.

La Houppe fera femblable à celle des Grenadiers ; elle fera de foie, & chaque divifion aura fa couleur.

La première fera incarnat ou ponceau.

La deuxième bleu de Roi.

La troifième blanche.

La quatrième bleu de Roi & ponceau, mêlée par moitié.

La cinquième incarnat, bleu de Roi & blanc, par tiers.

La sixième sera blanche, mêlée de bleu de Roi, par moitié.

V. A l'égard des Guêtres noires ou blanches, des Cappottes, des Cols, des boucles & autres objets du Tit. 3, Art. 1ᵉʳ, on suivra le Réglement provisoire, pour les Epaulettes, Epées, Drapeaux, Flammes, Equippement & Armement, & suivant les modèles qui seront déposés à l'Hôtel-de-Ville.

VI. La plaque de la Giberne sera de cuivre poli, de forme ovale, & elle aura 3 pouces & demi de hauteur; l'Ecusson sera aux Armes de la Ville.

Les Gibernes & Porte-Gibernes, les Ceinturons en Baudrier seront conformes aux Modèles cachetés, & déposés à la Municipalité.

A l'égard des objets ci-dessus, concernant la Troupe soldée, ils seront remplacés à fur & mesure qu'ils seront usés, par les mêmes que ci-dessus.

Signé, *le Marquis d'Elbée, de la Grey, Guerin, Pescheloche, Papillon, de Mestre, Cheipitel, la Fosse, Roualle - Chevalier - de Boisgelou, Barré, Parseval de Grand - Maison, le Chevalier Guillotte, de Lerm, de Mandat, de Bourges, Féroussat, Barré de Boismean, Guérin de Sercilly, Masson de Neuville, Gerderet, Dubergier, de la Colombe, Jacquinot, de Keralio, Guyard, Jacquin, Viot, Bardelle, Gilliot de Santerre, Gondeville, Berriyuter, Flament, de St-Martin, Lebelle, de Ramainvilliers, Muguet de Champalier, Groisdée, de*

Boifpréaux, le Comte de Vinefac, d'Acofta, le Chevalier de St. Tray, Adjoint, *Chéron de la Bruyère, de la Tour.*
Le Marquis de Chabert, Vice-Préfident.
Hyon, Secrétaire.

PREMIÈRE OPÉRATION.

POUR l'Organifation de la GARDE NATIONALE.

LA grande majorité des Affemblées des Diftricts ayant provifoirement adopté les quatre premiers Titres du projet de Réglement pour la formation & organifation des Gardes-Nationales-Parifiennes l'Affemblée des Repréfentans de la Commune, charge M. le Commandant Général de mettre ledit Réglement à exécution.

En conféquence, la première formation des Compagnies fera faite de la manière fuivante :

ARTICLE PREMIER.

Les Diftricts font invités à fournir, & faire préparer les Maifons ou Quartiers qui doivent fervir à caferner les Compagnies foldées, pour pouvoir les y porter, dès que le dédoublement aura eu lieu.

Les Diftricts font invités, en même-temps, à choifir, autant qu'il fera poffible, les Maifons ou Quartiers dans le centre de l'arrondiffement du Diftrict, pour la facilité du Service. Ils font priés de faire connoître, dans la journée, s'il eft poffible, les emplacemens choifis.

II. Les Compagnies de Grenadiers refteront

telles qu'elles font ; & , cependant , comme le dédoublement des Compagnies de Fufiliers , pourroit donner un avantage à ces derniers, pour l'avancement aux places de Caporaux , il paroît jufte d'en deftiner quelques-unes aux Grenadiers , & de faire concourir un certain nombre d'entr'eux à ces Compagnies de Fufiliers , ainfi qu'il eft d'ufage dans toutes les Troupes.

III. Les vingt - quatre Compagnies reftantes de Fufiliers feront dédoublées , pour former le fond & la tête des quarante-huit autres Compagnies, bien entendu qu'il ne refteroit dans les Compagnies que les Soldats qui ne voudroient pas profiter de leurs Congés abfolus.

IV. Quant aux fix Compagnies reftantes , il fera pris, pour en former la tête , un nombre des ci-devant Gardes-Françoifes, en obfervant le rang d'ancienneté , & on y incorporera, ainfi que par la fuite , les Soldats des autres Régiments qui voudront fervir dans la Garde Nationale.

V. En expliquant les Art. I & XI du Titre V, il eft ordonné que les Soldats du ci-devant Régiment des Gardes-Françoifes , ferviront à volonté, fous la condition feulement d'avertir fix mois d'avance de leur retraite.

VI. En même-tems que la répartition des Gardes anciens & nouveaux, fe fera conformément aux deux articles ci-deffus, on procédera, fi cela n'eft pas fait, à la nomination des Officiers des Compagnies foldées , ainfi qu'il eft porté audit Réglement.

VII. Le nombre de MM. les Sergens du ci-devant Régiment des *Gardes-Françoifes* , pouvant excéder celui de cent vingt Places de Lieutenants

& de fous-Lieutenants des Compagnies foldées, qui leur font deftinées par le Réglement, & ces MM. ayant tous également mérité de la Patrie, ceux d'entr'eux qui ne pourroient point être placés en pieds, au moment de la formation, feront employés de la manière fuivante.

, Les Sergens des ci - devant *Gardes - Fran-çoifes*, excédant le nombre des cent vingt, défignés ci-deffus, auront le Brevet de fous-Lieu-tenant, & jouiront des Appointements affectés à ce grade.

VIII. Ces Officiers continueront à jouir de ces prérogatives, jufqu'à ce qu'ils foient remplacés & nommés aux fous-Lieutenances des Compagnies foldées ; & l'on fuivra, pour cette nomination & ce remplacement, le rang d'ancienneté.

IX. Ces Officiers feront fpécialement affectés à l'inftruction des Compagnies non foldées, & à la manière de régler le fervice entr'elles, conjointement avec l'Aide-Major du Bataillon.

X. Si le nombre de ces Officiers furnuméraires étoit de foixante, il en feroit affecté un à chaque Bataillon, pour l'inftruction ci-deffus. Si le nombre étoit moindre, on tâcheroit d'en faire une répartition égale par chaque divifion.

XI. A mefure que les Officiers pafferont aux fous-Lieutenances des Compagnies foldées, leurs Places demeureront éteintes & fupprimées : l'intention de la Municipalité étant que ces Places, créées feulement pour MM. les Sergens des ci-devant *Gardes-Françoifes* non-placés, au moment de la formation, ne foient conférées à aucun autre Sujet, fous quelque prétexte que ce puiffe être.

XII. Au moment même de la répartition des

Gardes dans les soixante Compagnies des soixante Districts, le décompte de tout ce qui revient à chaque Garde, soit de la Masse, soit du produit du Magasin, soit des autres objets qui auront été accordés par la Ville & les Districts, sera commencé & terminé, aussi-tôt que possible, par le Sergent-Major de la Compagnie.

XIII. La Compagnie entière, ou les deux demi-Compagnies dédoublées, se rendront au lieu qui aura été indiqué & préparé dans chaque District pour les recevoir.

XIV. Aussi-tôt que cette opération sera faite, on s'occupera des autres Soldats qui sont répandus dans les autres Districts.

Signé, Le Marquis d'Elbée, de la Grey, Guérin, Pescheloche, Papillon, de Mestre, Cherpitel, la Fosse, Roualle-Chevalier de Boisgelou, Barré, Parseval de Grandmaison, le Chevalier Guillotte, de Lerm, de Mandat, de Bourges, Féroussat, Barré, de Boisméan, Guérin de Sercilly, Masson de Neuville; Gerderet, du Bergier, de la Colombe, Jacquinot, de Kéralio, Guyard, Jacquin, Viot, Bardelle, Gallet de Santerre, Gondeville, Berrytier, Flament, de St-Martin, Lebelle, de Ramainvilliers, Muguet de Champalier, Goisdée, de Boispréaux, le Comte de Vinezac, d'Acosta, le Chevalier de St-Tray, Adjoint, Chéron de la Bruyère, de la Tour.

Le Marquis de Chabert, Vice-Président.

Hyon, Secrétaire.

Vérification faite des Délibérations prises par les différens Districts, sur le *Réglement d'Organisation Militaire*, l'Assemblée déclare que la presque totalité des Districts a consenti l'exécution provisoire dudit Réglement; en conséquence, d'après la lecture de cette partie du Réglement, l'Assemblée l'adopte, ordonne qu'elle sera exécutée, &, à cet effet, envoyée à tous les Districts.

Signé, *Moreau de St-Méry, de la Vigne*, Présidens.

Brousse Desfaucherets, Secrétaire.

De l'Imprimerie de CAILLEAU, rue Gallande, N°. 64.